Grundschule

Roswitha Wurm

Individuelles LESETRAINING

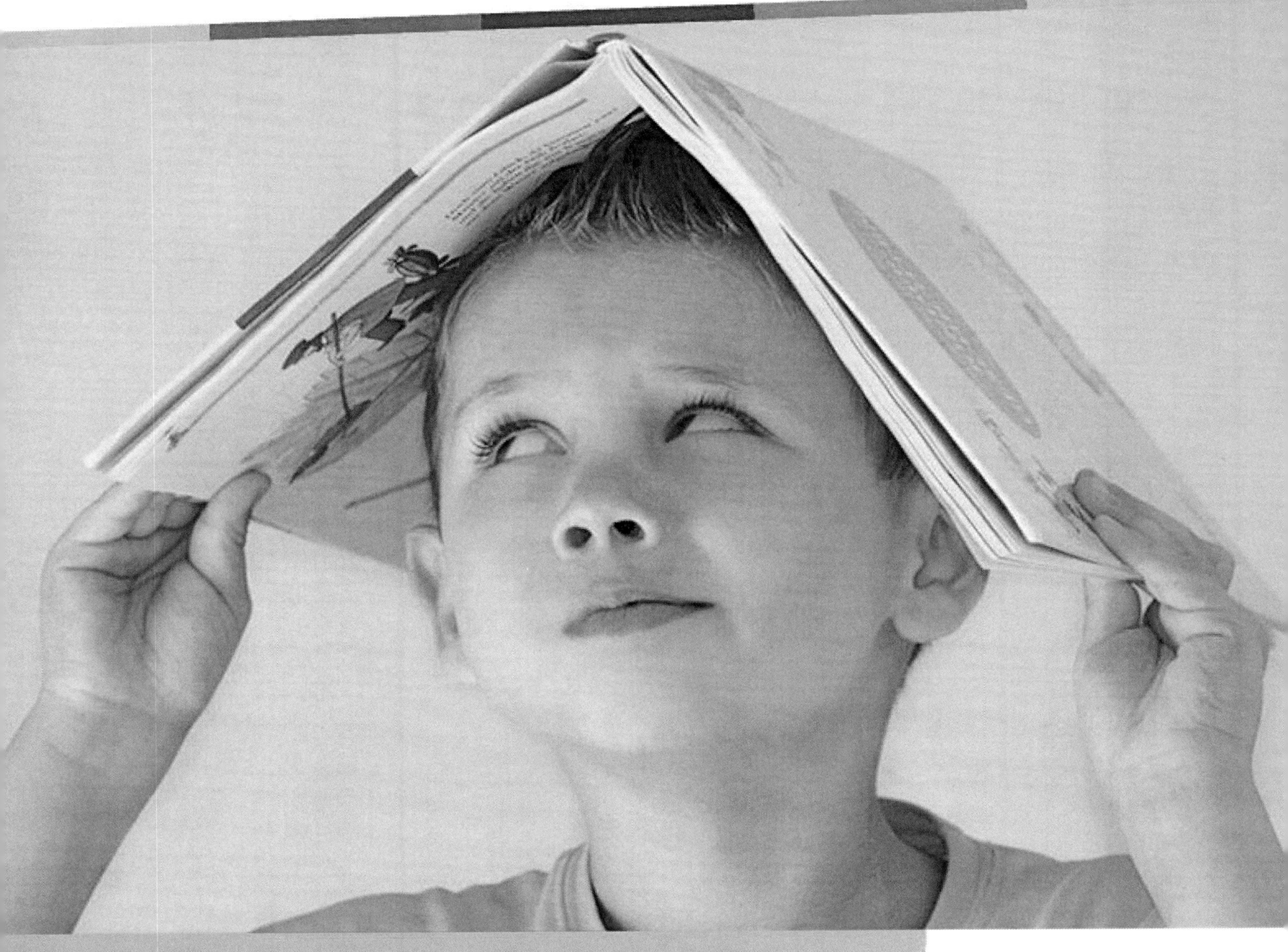

Freude wecken am Leselernprozess

www.kohlverlag.de

INDIVIDUELLES LESETRAINING

Freude wecken am Leselernprozess

1. Auflage 2021

Inhalt: Roswitha Wurm
Coverbild: © Natallia Vintsik - fotolia.com
Redaktion: Kohl-Verlag
Grafik & Satz: Kohl-Verlag
Druck: farbo prepress GmbH, Köln

Bestell-Nr. 12 640

ISBN: 978-3-98558-027-9

Bildquellen © AdobeStock.com:
S. 4-17: © brankospejs, **S. 5-6:** © kebay; **S. 7:** © dule964, 3d_kot; **S. 8:** © GSphoto; **S. 14:** © tatianasun, Moch Solikin; **S. 15:** © synGGG, Moch Solikin; **S. 16:** © petrroudny, aphichato, martialred; **S. 17:** © matahiasek, Home Photographics, Style-O-Mat, Vladislav Gajic; **S. 18-27:** © cirodelia; **S. 18:** © Style-o-Mat; **S. 20:** © photo 5000; **S. 24:** © Wirestock; **S. 25:** © creativteam; **S. 26:** © wektorygrafika; **S. 27:** © Константин Фёдоров; **S. 28-55:** © N.Savranska; **S. 28:** © Wirestock; **S. 29:** © martialred; **S. 30:** © trii; **S. 31:** © yai, aphichato; **S. 32-35:** © strichfiguren; **S. 36:** © Style-o-Mat, daqota; **S. 37:** © Amar; **S. 43:** © ngupakarti; **S. 44:** © strichfiguren.de; **S. 45:** © iconicbestiary; **S. 46:** © pjjaruwan; **S. 47:** © strichfiguren; **S. 48:** © chapinasu; **S. 49:** © niels96, Gstudio; **S. 50:** © Style-o-Mat, yai, Studioindigo, Roman Dekan; **S. 52-55:** © strichfiguren.de; **S. 56-62:** © cirodelia; **S. 57:** © Elena Show; **S. 58:** © brgfx; **S. 59:** © Anna Velichkovsky; **S. 60:** © Yael Weiss

Inhaltsverzeichnis

Vorwort

Lesen lernen ist ein Prozess, der schon lange vor dem eigentlichen Lesen von Buchstaben und Wörtern beginnt. Die Sprachentwicklung beginnt bereits viel früher. Defizite in der Sprachentwicklung und in der so genannten phonologischen Bewusstheit machen sich oftmals erst später bemerkbar. Zudem lernt jedes Kind individuell verschieden schnell flüssig und sinnerfassend zu lesen.
Der Leselernprozess spielt sich in verschiedenen Phasen ab. Zunächst geht es darum die unterschiedlichen Laute zu hören und zu unterscheiden. Sollte das Kind, mit dem Sie lesen üben, Schwierigkeiten haben Laute zu unterscheiden und zu orten, dann sollten diese Fertigkeiten zuerst trainiert werden. Richtungshören und Differenzieren von Geräuschen wie Vogelgezwitscher, das Brummen eines Autos, das Ticken einer Uhr, etc. kann spielerisch im Alltag geübt werden und ist eine wichtige Grundvoraussetzung.
Das Erlernen und Erkennen der einzelnen Buchstaben ist ein weiterer Schritt auf dem Weg zu einem erfolgreichen Leser und zu einer erfolgreichen Leserin. In diesem Bereich steigen wir im schulischen Kontext ein. Daher beschäftigt sich der erste Teil im vorliegenden Heft mit Übungen und Spielen, die diese Fertigkeit abwechslungsreich trainieren.
Erst wenn die Buchstaben eingeübt sind, wird die Worterkennung trainiert. Manche Kinder haben keine Schwierigkeiten die einzelnen Buchstaben zu einem Wort „zusammenzulauten". Anderen fällt wiederum gerade dies sehr schwer. In verschiedenen Schritten wird in diesem Heft mit abwechslungsreichen Übungen das Zusammenziehen der Buchstaben zu einem Wort trainiert.
Wenn eine gewisse Geläufigkeit beim Lesen vorhanden ist, kann mit den einzelnen Buchstaben und Wörtern „gespielt" werden. Laute und Buchstaben werden vertauscht und müssen trotzdem richtig gelesen werden. Diese Stufe des Leselernprozesses setzt jedoch voraus, dass vom Kind Wortbilder bereits richtig eingeprägt wurden. Kinder mit Teilleistungsdifferenzierungen haben gerade in diesem Bereich häufig große Schwierigkeiten. Erst wenn die beiden vorangegangenen Phasen durchlaufen sind, wird das sinnerfassende Lesen trainiert.
Vorliegendes Leseheft kann individuell angewendet werden. Steigen Sie mit Ihrem Kind oder Ihrem Schüler oder Ihrer Schülerin genau bei diesen Übungen ein, wo sich das Kind im persönlichen Leselernprozess befindet. So können die Übungen gezielt angewendet werden. Die Kinder werden in der Anleitung auf jedem Übungsblatt direkt angesprochen. Bei jüngeren Kindern ist es dennoch notwendig und sinnvoll, wenn die Anleitung von einem Erwachsenen vorgelesen wird.
Eine wichtige Basisfertigkeit für erfolgreiches Lesen ist Aufmerksamkeit. In diesem Zusammenhang darf ich Sie auf die Trainingshefte „Aufmerksamkeit schärfen" hinweisen, die Sie begleitend mit Ihrem Kind oder Ihrem Schüler durchführen können.
Lesen können ist eine wertvolle Tugend. Das wusste schon Voltaire, der den Spruch prägte: Lesen stärkt die Seele.

In diesem Sinn: Viel Spaß beim Lesen üben wünschen der Kohl-Verlag und

Roswitha Wurm

1 Buchstabentraining

Auf den Seiten 6 und 7 findest du die Buchstaben dem Alphabet nach geordnet. Schneide alle Quadrate aus. Lege die Teile der Reihe nach übereinander. Nun hast du das Alphabet in der richtigen Reihenfolge. Klammere die Blätter auf der linken Seite zusammen. Nun hast du ein kleines Heftchen. Wenn du die Seiten ganz schnell durchblätterst, „laufen" die Buchstaben rasch vor deinen Augen ab. Das nennt man DAUMENKINO!
So kannst du das Alphabet auf lustige Art kennenlernen.

Du kannst das Daumenkino-Alphabet auch für die weiteren Übungen gut verwenden. Außerdem ist es nützlich, wenn du die Aufgabe erhältst, Wörter nach dem Alphabet zu ordnen. Auf den nächsten Seiten findest du das Alphabet für die Kleinbuchstaben, auch als Daumenkino.

TIPP:
Manche Buchstaben werden in Büchern oder Zeitschriften anders geschrieben als du es in der Schule lernst.

Das a wird z.B. oft als „a" geschrieben, das f als „f" und das „t" als „t" oder das „l" als „l".

Trotzdem ist es derselbe Buchstabe. Nimm eine Zeitung zur Hand und suche Buchstaben, die anders aussehen als du es gelernt hast. Schneide diese Buchstaben aus und klebe sie auf ein Blatt Papier.

Schneide die folgenden Buchstabenkärtchen aus. Mische die Karten, drehe sie um und suche wie bei einem Memo-Spiel die zusammenpassenden Buchstaben. So übst du die „Buchschrift" und die Schreibdruckschrift, wie du sie in der Schule lernst.

a	a	l	l	y
f	f	g	g	y
t	t	ä	ä	

Mein Daumenkino	A	B	C
D	E	F	G
H	I	J	K
L	M	N	O
P	Q	R	S
T	U	V	W
X	Y	Z	ENDE

Mein Daumenkino	a	b	c
d	e	f	g
h	i	j	k
l	m	n	o
p	q	r	s
t	u	v	w
x	y	z	ende

Buchstabentraining

Auf den folgenden Seiten findest du nochmals alle Buchstaben des Alphabets. Schneide sie aus bzw. bitte jemanden dir dabei zu helfen.
Mit den runden Buchstabenkärtchen kannst du einige lustige Spiele spielen.

KREISELSPIEL:

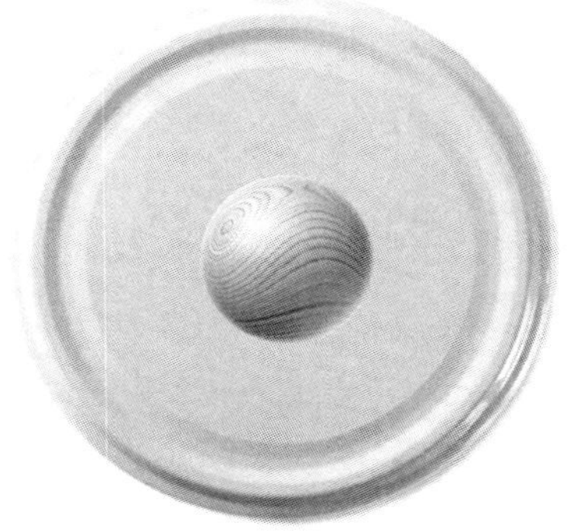

Klebe eine Murmel/Kugel auf die Deckeloberseite (z.B. mit der Heißklebepistole oder mit einem Metallkleber)

Zieh nun einen Buchstaben aus dem umgedrehten Buchstabenstapel, lege ihn in die Deckelinnenseite und drehe den Deckel wie einen Kreisel.

Nun soll(en) dein(e) Spielpartner erraten, welcher Buchstabe sich hier dreht. Wer als Erster den richtigen Buchstaben nennt, bekommt das Buchstabenkärtchen als Gutpunkt.
Reihum ist jeder Mitspieler Spielleiter, darf den Buchstaben wählen und den Kreisel drehen. Gewonnen hat, wer die meisten Punkte besitzt, wenn alle Buchstabenkärtchen aufgebraucht sind.

INDIVIDUELLES LESETRAINING Freude wecken am Leselernprozess – Bestell-Nr. 12 640

1 Buchstabentraining

HÜTCHENSPIEL:

Für dieses Merkspiel werden die runden Buchstabenkärtchen mit der Schriftseite nach oben durchgemischt auf den Tisch gelegt. Du benötigst 4 Deckel, auf die du (siehe Kreiselspiel) je eine Murmel auf die Oberseite geklebt hast.

Decke vier Buchstaben ab und schon geht es los! Ihr seid abwechselnd an der Reihe und dürft je einen verdeckten Buchstaben nennen. Stimmt der genannte Buchstabe, darf sich der jeweilige Spieler das Kärtchen als Gutpunkt nehmen. Nun deckt es einen anderen Buchstaben ab. Jetzt ist der nächste Mitspieler an der Reihe.

Das Spiel endet, wenn alle Buchstaben erraten wurden. Sieger ist derjenige, der die meisten Buchstabenkarten gesammelt hat.

NAMENSPIEL:

Auch bei diesem Spiel werden alle Kärtchen offen auf den Tisch gelegt. Du brauchst eine Stoppuhr.
Nun kann es losgehen. Ein Mitspieler fragt die anderen z.B.: Welche Buchstaben kommen in deinem Namen vor (doppelte nur einmal). Nun ist der erste Mitspieler an der Reihe und muss alle Buchstaben, die in seinem Namen vorkommen, aufsammeln. Wie lange er braucht, wird vom Spielleiter notiert. Dann ist der nächste an der Reihe, usw. Die erste Runde geht an den Spieler, der am schnellsten die Buchstaben gesammelt hat. Dann ist der nächste Spieler an der Reihe und fragt nach einem anderen Wort, z.B. Nachname, Name der Mutter, der Schwester, eines Freundes, des Haustieres etc.
Gewonnen hat wieder derjenige, der am schnellsten die Buchstaben gefunden hat!
TIPP: Das Spiel lässt sich auch mit anderen Bezeichnungen spielen.
Um es einfacher zu machen, kann man auch die gesuchten Begriffe zuvor auf ein Blatt Papier oder eine Tafel schreiben.

❶ Buchstabentraining

KOHL VERLAG Lernen mit Erfolg INDIVIDUELLES LESETRAINING Freude wecken am Leselernprozess – Bestell-Nr. 12 640

1 Buchstabentraining

M	N	O
P	Q	R
S	T	U
V	W	X

1 Buchstabentraining

Y Z Ä

Ö Ü

a b c

d e f

KOHL VERLAG INDIVIDUELLES LESETRAINING Freude wecken am Leselernprozess – Bestell-Nr. 12 640

1 Buchstabentraining

g h i

j k l

m n o

p q r

1 Buchstabentraining

KOHL VERLAG INDIVIDUELLES LESETRAINING Freude wecken am Leselernprozess – Bestell-Nr. 12 640

 Buchstabentraining

Nun hast du die Buchstaben gut geübt. Fahre gedanklich mit dem Auto der Reihe nach über alle Buchstaben. Stelle eine Sanduhr mit 1 Minute Dauer auf oder stelle dir eine Zeituhr auf eine Minute. Wie viele Buchstaben schaffst du in einer Minute richtig zu lesen?

	k	s	r	n	a	d
						t
i	w	m	k	l	j	h
l						
o	w	e	f	r	t	u
						p
b	c	v	b	n	l	o
i						
o	t	r	d	a	s	c
						v
j	u	g	p	i	z	t
q						
w	x	b	a	y	t	

❶ Buchstabentraining

Das hast du gut gemacht. Übe fleißig weiter. Steige nun gedanklich auf dein Fahrrad und fahre über die Buchstabenstraße. Lies die Buchstaben laut vor. Wenn du am Ziel angekommen bist, wende das Fahrrad und fahre von unten nach oben wieder zurück und lies dabei die Buchstaben.

	a	j	b	g	r	ö
						t
f	b	s	a	v	k	e
e						
g	m	y	q	l	d	a
						s
a	z	e	r	m	p	o
u						
r	d	i	h	c	s	x
						n
j	u	d	w	f	h	b
ä						
e	f	t	s	r	o	

1 Buchstabentraining

Bitte jemanden eines der 4 Symbole und eine Zahl von 1 bis 9 zu nennen. Du liest dann den danebenstehenden Buchstaben.
Beispiel: Apfel 8 = t oder Luftballon 1 = a.
Ihr könnt das Spiel auch umgekehrt spielen. Jemand sagt einen Buchstaben, z.B. w und der andere nennt, wo der Buchstabe steht, also „Uhr 1" oder „Apfel 7".

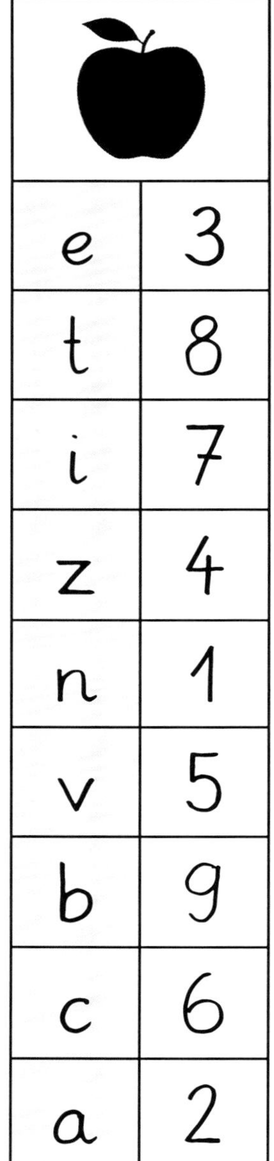

w	1	h	4	e	3	o	6
d	4	l	7	t	8	z	4
g	3	a	1	i	7	s	2
t	9	r	9	z	4	q	8
m	2	j	5	n	1	u	9
a	5	k	3	v	5	f	5
k	8	p	2	b	9	y	3
p	7	b	8	c	6	n	1
e	6	w	6	a	2	x	7

❶ Buchstabentraining

In dieser Übung sind alle Buchstaben gemischt und es kommen auch die Sonderbuchstaben ä, ö, ü und ß vor.
Lass dir wieder ein Symbol und eine Zahl nennen, z.B. Lupe 12. Nenne den Buchstaben, der neben dieser Kombination steht, also q.

m	13	a	2	j	3	e	7
ß	7	n	6	d	10	ö	9
g	4	i	8	m	7	p	4
h	14	s	11	x	12	f	14
w	8	v	4	ä	4	x	1
r	1	ö	13	d	8	n	11
t	9	h	14	ß	1	q	8
o	11	g	1	v	6	k	3
p	3	c	9	c	11	t	13
ü	6	m	12	f	14	h	6
q	12	t	10	e	5	ä	5
u	2	z	5	ü	13	ß	10
ä	5	y	7	n	9	v	12
d	10	b	3	a	2	l	5

KOHL VERLAG INDIVIDUELLES LESETRAINING Freude wecken am Leselernprozess – Bestell-Nr. 12 640

2 Allgemeines Lautetraining

Nun hast du eifrig Buchstaben geübt. Um Wörter zu lesen, musst du nun die Buchstaben zu Silben und dann zu Wörtern zusammenziehen.
Sonst würdest du nur einen Buchstaben nach dem anderen sagen,
z.B. H-a-s-e oder B-a-u m. Man würde nicht verstehen, was du eigentlich meinst.

Hase besteht aus 2 Silben, aus Ha und se

Wir üben die Silben zu lesen:

ha	me	ne	au	le	be	se
re	no	ba	mo	na	si	zu
ga	ta	gu	fe	ja	ko	nu
te	ob	fa	mö	de	ge	wa
ra	sa	bü	he	bi	sa	un
mi	ti	ka	du	sä	tu	mä

Allgemeines Lautetraining

Bei der folgenden Übung sollst du die Laute lesen.
Nimm anschließend einen blauen Buntstift und bemale alle Laute, in denen ein a vorkommt.
Danach nimm einen roten Buntstift und bemale alle Laute, in denen ein e vorkommt.
Lies anschließend nochmals alle Laute der Reihe nach.

lau	lei	dei	mau	rei	ras	fer
						lor
ver	tur	ler	gan	ter	gal	mon
sar						
tra	fin	min	set	ung	but	sam
						lös
kla	ner	hag	bul	zut	mür	tri
ret						
dra	bin	kla	net	sar	kle	kop
						taß
kas	gre	sät	fas	zul	kas	mer
ner						
tro	hap	nop	lös	ger	pud	bre

INDIVIDUELLES LESETRAINING Freude wecken am Leselernprozess – Bestell-Nr. 12 640

❷ Allgemeines Lautetraining

Nun hast du eifrig die Buchstaben und Laute geübt. Jetzt wird es Zeit für richtige Wörter. Wenn es dir schwerfällt, die Buchstaben zu Wörtern zusammenzuschleifen, dann sind die folgenden Übungen genau richtig für dich.

Ein kleiner Trick soll dir dabei helfen: Nimm einen Gummiring und halte ihn zur ersten Silbe. Dehne ihn (während du liest) bis zur zweiten Silbe. So signalisierst du deinem Gehirn, dass die beiden Silben zusammengehören.

Da	me	le	sen
Ha	se	ru	fen
La	ge	sa	gen
Ra	be	le	ben
En	te	ra	ten
Na	se	na	gen
Ga	be	mö	gen
No	te	fra	gen
Nu	del	ler	nen
Fe	der	tra	gen

Fällt es dir mit diesem Trick leichter zu lesen?
Wir üben auf der nächsten Seite gleich weiter!

❷ Allgemeines Lautetraining

Hier findest du noch weitere Übungen zum Zusammenlauten. Verwende wieder den Gummiringtrick.

Ta	fel
lie	gen
Ne	bel
ha	ben
re	den
sin	gen
le	ben
Na	se

Ker	ze
Vo	gel
ra	sen
Oh	ren
Re	gel
lau	fen
ge	hen
Fin	ger

Ur	laub
at	men
Ap	fel
Re	gen
Ker	ze
Au	to
sie	ben
hüp	fen

❷ Allgemeines Lautetraining

1	2	1+2
So	fa	Sofa
Fe	der	
Hil	fe	
Vo	gel	
Kä	se	
Na	gel	
Freu	de	
Me	ter	
Wie	se	
Win	ter	
Gar	ten	
Feu	er	
Sal	be	
Pau	se	
Bo	den	
Rei	ter	

Du kannst auch gemeinsam mit einer zweiten Person üben. Einer liest den ersten Teil, der andere den zweiten Teil. Also: Du liest „Da", die andere Person „me". Dann sagt ihr gemeinsam und gleichzeitig das ganze Wort: Dame.

2 Allgemeines Lautetraining

Versuche nun die Wörter zusammenzulauten.

Salat	Blume	Faden	Flasche
Rose	Ofen	Nagel	Faden
Kerze	Apfel	Birne	Nase
lesen	reden	kochen	raten
malen	reisen	leben	singen
spielen	lieben	gehen	raten
lustig	fröhlich	traurig	müde

2 Allgemeines Lautetraining

Nun werden die Wörter länger. Versuche die drei Silben zusammenzulauten.
Verwende wieder den Gummiring, wenn dir das weiterhilft.
Du kannst auch einen Buntstift zur Hand nehmen und während du liest, die Silben mit dem Stift verbinden.

A	na	nas
A	mei	se
E	le	fant
Ge	mü	se
Me	lo	ne
Li	ne	al
To	ma	te
Ka	len	der
Ver	käu	fer
Kle	be	band

❷ Allgemeines Lautetraining

Weil das so gut geklappt hat, üben wir gleich weiter!
Verbinde wieder die Silben miteinander. Lies laut vor. Das macht Spaß!

Ra	ke	te
Ba	na	ne
Pa	pa	gei
La	ter	ne
Au	to	tür
Blu	men	topf
Mo	tor	rad
Gar	ten	haus
Re	gen	wurm
Rit	ter	burg

KOHL VERLAG INDIVIDUELLES LESETRAINING Freude wecken am Leselernprozess – Bestell-Nr. 12 640

2 Allgemeines Lautetraining

Vielleicht hast du beim Lesen manchmal Schwierigkeiten, wenn ein Wort nur aus einer Silbe besteht, zum Beispiel „Herz" oder „Blick". Deshalb findest du nun einige Übungen, in denen wir die einsilbigen Wörter üben, die aus mehreren Buchstaben bestehen.
Wichtig ist, dass du das Wort als Ganzes erfassen kannst. Dazu versuche in die Wortmitte zu blicken und trotzdem mit dem ersten Buchstaben das Lesen zu beginnen. Auf dieser Seite ist die Wortmitte markiert. So kannst du deine Augen leichter auf die Wortmitte lenken. Lies laut vor.

Herz 

Nest	Weg	Hals	Nase	Rand
Kern	Land	Ball	Hund	Bett
Gras	Feld	Rest	Ton	Wort
Luft	Tür	Gras	Hand	Salz
Herz	Buch	Mond	Heft	Nuss
Wind	Stern	Kind	Blatt	Bach
Durst	Spiel	Angst	Licht	Nacht
Heim	Bein	Haus	Baum	Zeit
Reis	Raum	Rauch	Traum	Stopp

2 Allgemeines Lautetraining

Jetzt lies bitte die langen Wörter. Du schaffst das!

Gartenzwerg

Blumentopf

Autobahn

Regenschirm

Handtasche

Buchseite

Suppentopf

Schokolade

Badetuch

Hundefutter

Marmelade

Zahnbürste

Sonnenhut

Winterzeit

Schafherde

Banane

Ofenrohr

Nadelbaum

Teebeutel

Kürbiskern

Grashüpfer

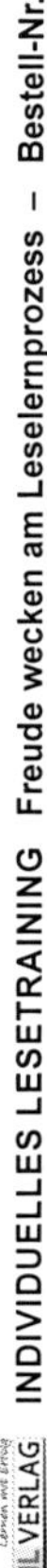

3 Training besonderer Laute

Wörter, die mit einem St oder einem Sp beginnen, sind nicht einfach zu lesen. Du siehst „St", sprichst aber meist „Scht" und statt „Sp" sagst du „Schp". Folgende Übung hilft dir dich daran zu gewöhnen.
Du findest hier zwei Silbenteppiche. Einer enthält ein Muster mit „sp"-Silben. Der andere mit „st"-Silben. Versuche sie richtig auszusprechen.

spa	spe	spi	spo	spu
spu	spo	spi	spe	spa
spä	spö	spü	sprä	sprü
spau	spei	speu	spie	spee

sta	ste	sti	sto	stu
stu	sto	sti	ste	sta
stä	stö	stü	strä	strü
stau	stei	steu	stie	stee

❸ Training besonderer Laute

Nun lesen wir gemeinsam St- und Sp-Wörter. Lass dir zunächst von jemandem je ein Wort vorlesen und sprich es richtig nach. Anschließend liest du alle Wörter der Reihe nach alleine laut vor!

Du siehst st, aber du liest scht

Stab	Stein	Stern	Stroh	Sturm
Stier	Stift	Stiel	Stall	Stoff
Streit	Stopp	Strand	Stunde	Stich
Strafe	Stapel	Stachel	Storch	Stuhl

Du siehst sp, aber du liest schp

Spur	Spiel	Spitze	Spüle	Spinat
Spinne	Spatz	Span	Sprung	Spange
Spaten	Spritze	Spanne	Sprache	Speise
Spende	Spalte	Speck	Sport	Spieß

KOHL VERLAG INDIVIDUELLES LESETRAINING Freude wecken am Leselernprozess – Bestell-Nr. 12 640

❸ Training besonderer Laute

Schwierig zu lesen sind Wörter, die mit „Pf" beginnen. Übe folgende Laute.

„p-f wird zu pf"

pfa	pfe	pfi	pfo	pfu	pfei	pfö	pfie
pfan	pfen	pfin	pfon	pfun	pfra	pfre	pfri
pfro	pfru	pfla	pfle	pflo	pflu	pfli	pfä

Lies nun folgende „Pf" und „pf"-Wörter:

Pferd	Pfau	Pfanne	Pfeil
Pfote	Pflug	Pfad	Pfand
Pfiff	Pfeife	Pflicht	Pfeffer
Pflaume	Pfarrer	Pfosten	Pflanze
Pflege	Pflaster	Pfirsich	Pfannkuchen
pflegen	pflücken	pfeifen	pflanzen

❸ Training besonderer Laute

Der Laut „pf" kommt häufig auch in der Wortmitte und am Wortende vor.
Übe auf diesem Blatt.
Lies im folgenden Kasten zunächst alle grau hinterlegten Kästchen, dann alle anderen.
Was fällt dir auf?

Topf	Apfel	Schnupfen	Kopf
Tropfen	Napf	Dampf	Zapfen
Zopf	Opfer	Sumpf	hüpfen
klopfen	Krampf	stopfen	Knopf
Schopf	Tropfen	Kampf	impfen
zupfen	schlüpfen	dumpf	schimpfen
stumpf	Strumpf	rupfen	Rumpf
stampfen	kämpfen	sumpfig	Wipfel

3 Training besonderer Laute

Die Buchstabenfolge „ng" zu lesen, fällt dir vielleicht auch schwer! Doch keine „Bange".
Hier üben wir zuerst nur „Laute" mit „ng" und anschließend wieder in Wörtern versteckt.

ang	eng	ing	ong	ung	tang	teng	ting	tong
tung	hang	heng	bong	hong	hung	mang	meng	ming
mong	mung	jang	ping	pung	jeng	pang	keng	pong
reng	jing	wing	jong	weng	rung	kung	bung	fung

Stange	Menge	Länge	Schlange
Angel	Wange	Enge	Engel
Sänger	Ring	Finger	Klingel
Klang	Spange	Mangel	Zange
Hunger	Sprung	Ding	Junge
Lunge	Zunge	Zeitung	Pudding
Frühling	Vorhang	Schmetterling	Kreuzung
bringen	klingen	singen	bangen
jung	lang	bang	eng

❸ Training besonderer Laute

Die Buchstabenfolge „nk" wird anders gelesen. Hier sprichst du das k deutlich aus: wie in „Bank" (anstatt wie in „bange").

ank	enk	ink	onk	unk	tank	tenk	tink	tonk
tunk	hank	henk	bonk	lonk	hunk	mank	menk	mink
monk	munk	jank	mink	munk	jenk	pank	kenk	ponk
renk	jink	wink	jonk	wenk	runk	kunk	bunk	funk

Bank	Zank	Tank	Onkel
Geschenk	Fink	Gestank	Anker
Prunk	Wink	Tanker	Blinker
Funke	Gedanke	Schrank	Dank
denken	schwanken	schenken	blinken
winken	sinken	hinken	trinken
tanken	wanken	ranken	zanken
schminken	funkeln	lenken	krank
links	schlank	flink	rank

INDIVIDUELLES LESETRAINING Freude wecken am Leselernprozess – Bestell-Nr. 12 640

3 Training besonderer Laute

Und jetzt etwas Kniffeliges: Nun sind die „ng"-Wörter und die „nk"-Wörter gemischt. Versuche sie richtig zu lesen!

Anker	Wange	blinken	Ring
Spange	links	Mangel	winken
Geschenk	Zunge	Tank	flink
Sänger	singen	Klingel	bangen
schlank	lang	Bank	Tanker
Zeitung	Schmetterling	Frühling	Finger
schwingen	Leitung	sinken	Onkel
bange	eng	Gedanke	schenken
blank	dringen	Schrank	Zange
trinken	krank	Junge	Fink
Dank	klingeln	Gelenk	Getränk
Kreuzung	springen	Funk	Lunge

❸ Training besonderer Laute

<u>Dachs, mixen, Knicks oder links?</u>

„chs", „ks", „cks" und „x" klingen sehr ähnlich. Auf diesem Blatt üben wir Wörter mit diesen Lauten zu lesen. Sie sehen manchmal wie richtige Zungenbrecher aus. Keine Bange! Du schaffst das!

Dachs	sechs	Lachs	Wachs
Eidechse	Achsel	Echse	Luchs
Fuchs	Achse	Gewächs	wachsen
wechseln	erwachsen	Ochs	Büchse

links	Keks	Koks

Klecks	Knicks	tricksen	häckseln

Mixer	Axt	Nixe	Saxophon
Taxi	Hexe	Text	Box
kraxeln	mixen	Max	fix

KOHL VERLAG INDIVIDUELLES LESETRAINING Freude wecken am Leselernprozess – Bestell-Nr. 12 640

❸ Training besonderer Laute

CH oder SCH? Das ist hier die Frage. Im ersten Kasten findest du Wörter, in denen ein CH vorkommt, im zweiten Kasten findest du SCH-Wörter.

Bach	Nacht	Buch	Sache
Licht	Tuch	Kirche	Becher
lachen	suchen	brauchen	wachen
feucht	leicht	nicht	dicht

Schere	Dusche	Schal	Muschel
Schiff	Tisch	Fisch	Schokolade
Flasche	Schnee	Tasche	wischen
Schirm	Masche	schaukeln	waschen

SCH oder CH? Schau genau und lies vor:

Masche	leicht	nicht	naschen
Becher	Kirsche	waschen	suchen
Tische	lachen	Dusche	dicht
wischen	wachen	Fische	Kuchen

❸ Training besonderer Laute

Hier findest du lustige Sätze, in denen sich CH- und SCH-Wörter versteckt haben. Markiere alle CH mit einem roten und alle SCH mit einem blauen Stift. Versuche dann die Sätze flüssig zu lesen.

Der Frosch und der Fisch schwimmen nachts im Teich.

Micha und Sascha mischen Schokolade in ihre Milch.

Mischa nascht in der Nacht acht Kirschen.

Die Kinder lachen und suchen einen Becher voll Muscheln.

Mischa springt mit den leichten Schuhen im weichen Schnee.

Mit Masche und Tasche steigt Mischa aufs Schiff.

Auf dem Tisch steht nichts als eine Schüssel mit acht Fischen.

KOHL VERLAG Lernen mit Erfolg INDIVIDUELLES LESETRAINING Freude wecken am Leselernprozess – Bestell-Nr. 12 640

❸ Training besonderer Laute

Eine weitere Falle beim Lesen ist der Buchstabe „ß". Eigentlich ist das „ß" in der Druckschrift wie ein eigener Buchstabe. Du verwendest es um den Buchstaben „s" zischend oder „scharf" auszusprechen. Daher heißt der Buchstabe auch „scharfes s". Außerdem sprichst du den Selbstlaut, der davorsteht, langsam aus.

Wenn du ein ß siehst, dann zische beim Lesen wir eine Schlange.

Spaß	Soße	Spieß	Fuß	Strauß
Größe	Straße	Maß	Fraß	stoßen
süß	Füße	Gruß	Stoß	heißen
Buße	Schweiß	Gefäß	Floß	groß
mäßig	gießen	reißen	beißen	grüßen

Lies die folgenden Sätze:

Ich tauche den Spieß in die süße Soße.

Nina begrüßt Oma mit einem großen Strauß Blumen.

Zum Spaß gießt Leon ein Maß voll Soße in das Gefäß.

4 Spezielles Lesetraining

Lies die Wörter jeweils mit einem anderen Anfangsbuchstaben:

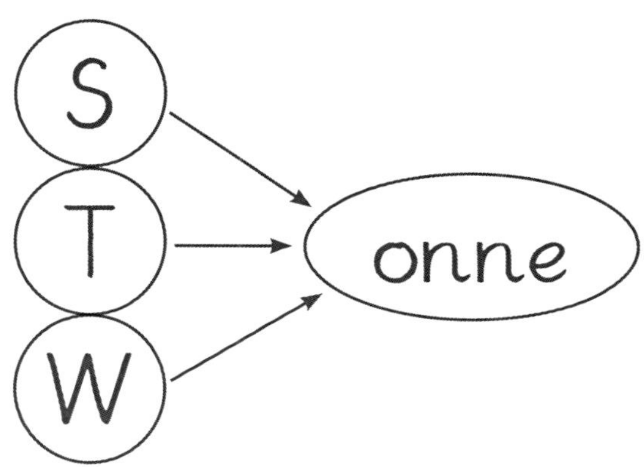

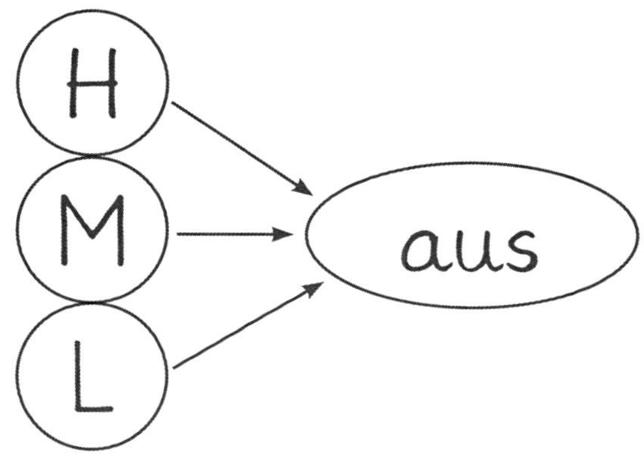

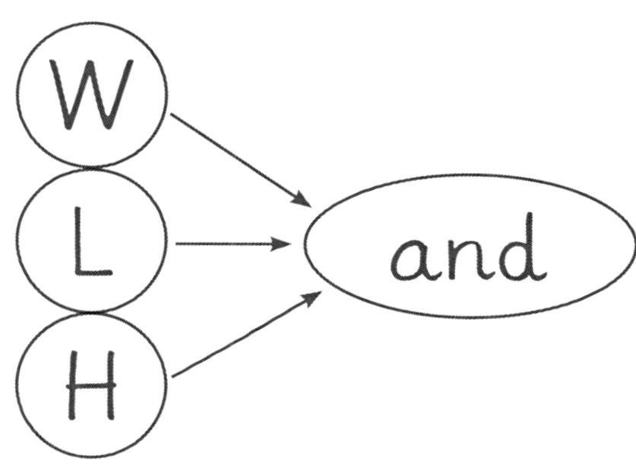

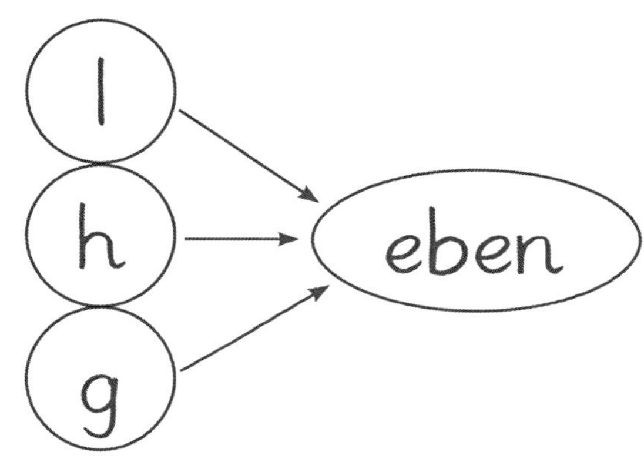

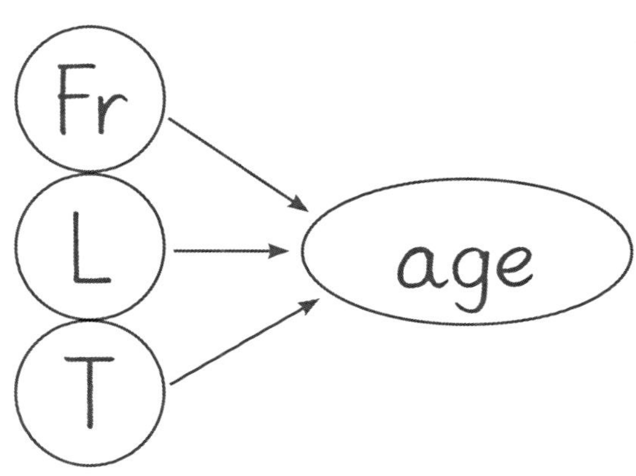

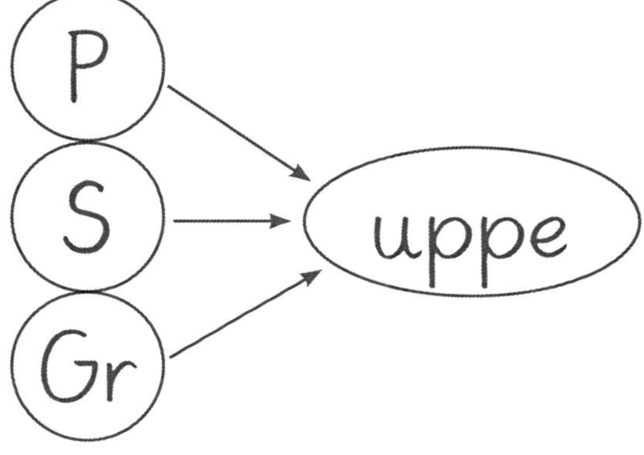

KOHL VERLAG INDIVIDUELLES LESETRAINING Freude wecken am Leselernprozess – Bestell-Nr. 12 640

Spezielles Lesetraining

Auf dem folgenden Blatt findest du Kästchen, in denen die Silben von drei Wörtern durcheinandergeraten sind. Kannst du die richtigen Silben jeweils in derselben Farbe anmalen? Das Wort „Hase" ist bereits richtig angezeichnet.

Lies dann die Wörter.

Ha	mel
Ka	ma
La	se

I	lat
Na	gel
Sa	se

Tu	se
Ro	fa
So	be

Mur	ter
Win	to
Au	mel

Zan	gel
Ham	ge
Na	mer

Au	fel
Man	ge
Ap	tel

La	gel
Vo	ler
Tel	den

Ga	fel
Mes	bel
Löf	ser

En	fang
Mit	de
An	te

❹ Spezielles Lesetraining

Oh weh! Hier sind viele Silben durcheinandergeraten. Kannst du die richtigen Silben miteinander verbinden? Lies dann die richtigen Wörter!

Ti	se
So	lat
Fe	fig
Hil	er
Vo	ter
Kä	ten
Na	fe
Som	der
Me	ger
Wie	gel
Win	den
Gar	fa
Feu	mer
Sa	se
Blu	ter
Bo	me

Spezielles Lesetraining

Hier sind die Silben durcheinandergeraten. Bringe sie in die richtige Reihenfolge, schreibe das Wort auf und lies dann das Wort.

le	E	fant	✎
gei	pa	Pa	
gu	Pin	in	
na	ne	Ba	
ter	Schmet	ling	
gen	Re	wurm	
du	Ka	ka	
ru	gu	Kän	
sta	ben	Buch	

Spezielles Lesetraining

Hier kannst du seltsame Wörter lesen. Die Buchstaben haben verschiedene Größen. Kannst du die Wörter trotzdem richtig lesen?

REIS	BANANEN
KATZE	OBST
NATUR	GARTEN
APFEL	TANZEN
VOGEL	TRAUBEN
STANGE	BLUMEN
TISCHE	SCHAF
SESSEL	WOLKE
FLASCHE	FENSTER
ZIMMER	DRACHEN

INDIVIDUELLES LESETRAINING Freude wecken am Leselernprozess – Bestell-Nr. 12 640

Spezielles Lesetraining

Jetzt sind die Wörter noch seltsamer! Lies jeweils vom kleinsten zum größten Buchstaben. Welche Wörter haben sich versteckt?

EsMRMo	NRGEAT
NBEUML	LCAsUHKE
EBRNUNN	NREBEE
ATLsA	RPAPIAK
SRCUTEH	SRNAE
MTOEAT	ETIHC

 Spezielles Lesetraining

Heute spielen Leon und Lisa im Hof. Sie malen Buchstaben mit Kreide auf den Boden. Das Spiel geht so: Sie springen immer auf den 3. Buchstaben. Markiere jeden dritten Buchstaben und lies dann das Wort!

M A P T O U L I P A R P U N E S

N O B I S A R U L M O L S

L I K O M R I S E L O I N A D S I E F

A R S I S P O U R N A I S T N L Ö G O L S A F E T G I L X L

E R K D F R S U E G H I C D S N O E L P L H

H I F T U E P I D S R E H J R N M B S E A L P L N M L

Spezielles Lesetraining

Heute gibt es Buchstabensuppe zum Mittagessen. In Lisas Teller befinden sich einige Buchstaben doppelt. Suche die Buchstaben heraus und bilde aus ihnen ein Wort. Man sagt dieses Wort, um den anderen am Tisch ein gutes Essen zu wünschen.

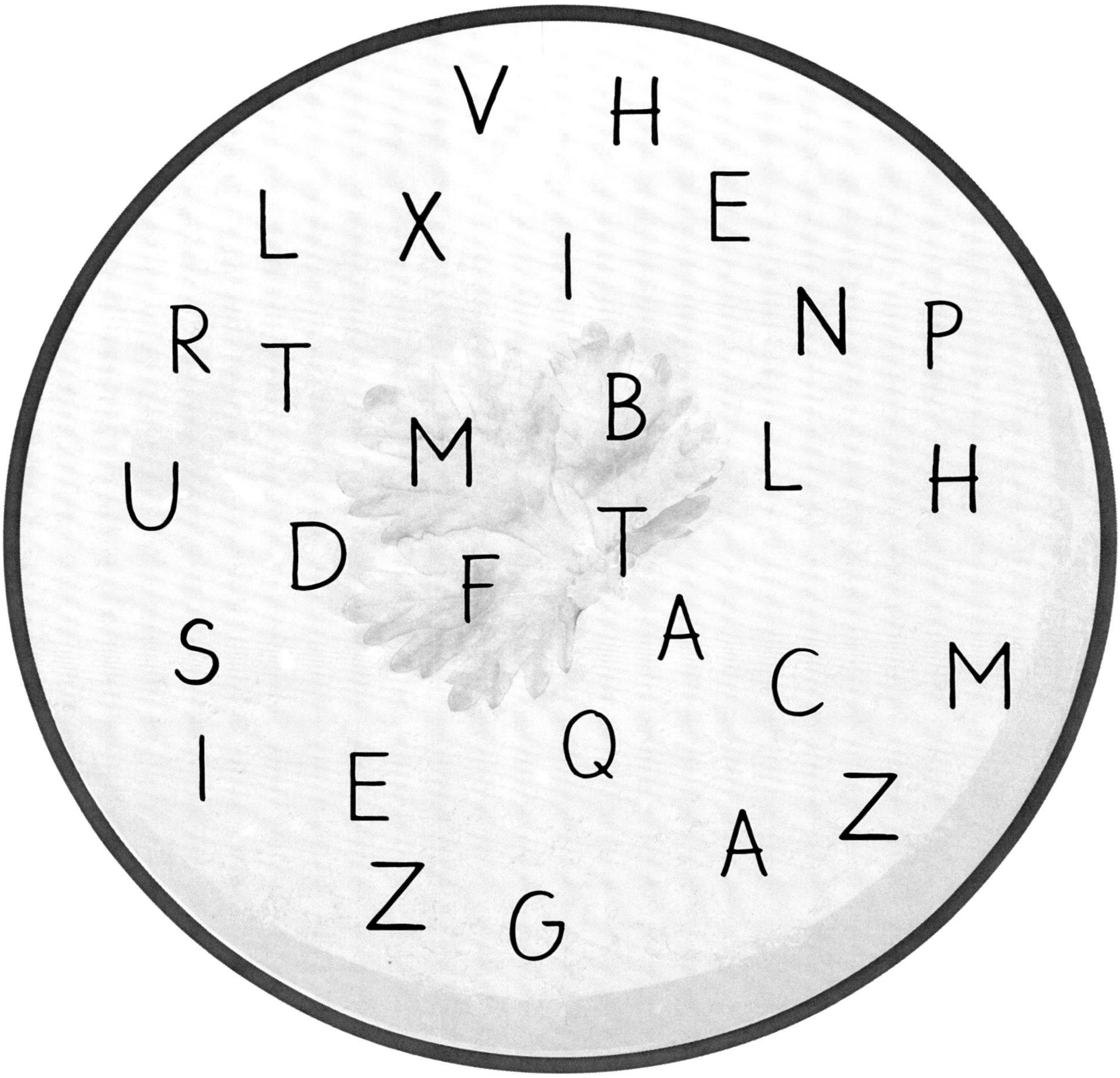

V H

L X E

I

R N P

T

B

M L H

U

T

D

F

S A

C M

Q

I E

Z

A

Z G

Lösung: ______________________

Kannst du ein eigenes Buchstabensuppen-Rätsel erfinden?

Spezielles Lesetraining

Leon denkt sich ein Wort aus. Er lässt einen Buchstaben aus. Lisa muss erraten welcher Buchstabe fehlt. Hilf ihr dabei und lies die Wörter richtig vor.

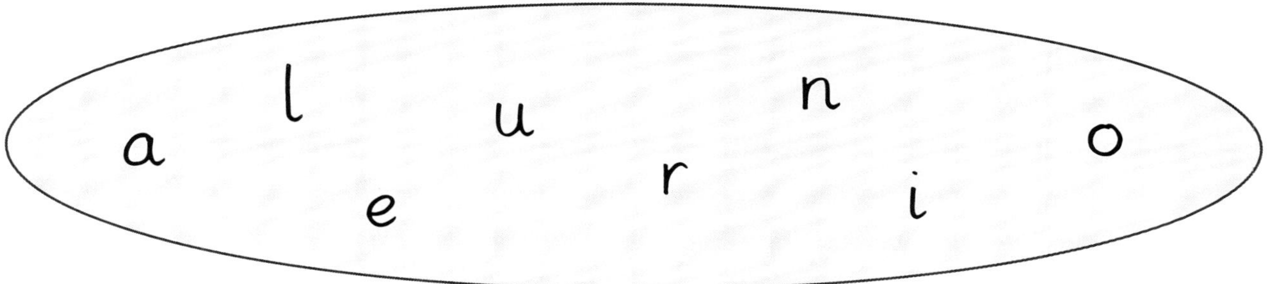

B l l	B e g
B c h	B r n e
B a k	B l u m
B i d	B r t

 Spezielles Lesetraining

Heute regnet es. Leon und Lisa gehen barfuß durch die Wiese.
Kannst du die Buchstaben erkennen, die sich unter den Spuren verbergen? Es fehlt entweder ein B oder ein W. Horch genau hin, diese beiden Buchstaben kann man leicht verwechseln.

Spezielles Lesetraining

Oje! Da sind die Wörter durcheinandergeraten! Leon soll für seine Mutter einkaufen gehen. Hilf ihm seine Liste richtig vorzulesen!

FEL AP

KEN SCHIN

KORN VOLL BROT

NA NEN BA

SE KÄ

TER SE BUT KEK

TUNG ZEI

FE SEI

TEL MIT WASCH

SAH SCHLAG NE

MA TO TE

NE BIR

KE GUR

Spezielles Lesetraining

Manchmal passiert es beim Lesen, dass wir ähnlich aussehende Wörter verwechseln. Da kann schon einmal etwas Komisches herauskommen.

Beispielsweise wenn wir BEINE und BIENE verwechseln.
In den folgenden Übungen trainieren wir genau hinzuschauen.

BEINE	BIENE	LIEB	LEIB
WEIN	WIEN	LEISE	LIESE
REIMEN	RIEMEN	REISE	RIESE
WIESE	WEISE	STIEGEN	STEIGEN
ZIEGE	ZEIGE	RIECHE	REICHE
LIED	LEID	SCHIENE	SCHEINE

Spezielles Lesetraining

Lies die folgenden, lustigen Sätze. Achte auf das „ei" oder das „ie".

Der reiche Riese zählt seine Scheine.

Der weise Reiche reimt ein Lied.

Der heiße Spieß war seine Leibspeise.

Die liebe Biene stach mich nicht in die Beine.

Die Ziege steigt leise über die Stiegen zur Wiese.

Liese reist mit der Eisenbahn über die Schienen.

Leider singt der Riese keine weisen Lieder.

Liese singt leise auf ihre Weise ein Lied über Wien.

Denkst du dir auch einen Satz aus?

Spezielles Lesetraining

Nun hast du wirklich fleißig geübt! Hier findest du noch eine weitere Aufgabe.

In untenstehendem Kasten findest du viele Wörter mit ie oder ei.

Lass dir von einem Erwachsenen beschreiben, welches Wort du lesen sollst. Bei A1 steht zum Beispiel „Reise". Dann sagt der Erwachsene E3 und dann liest du „Biene", und so weiter.

	A	B	C	D	E
1	Reise	Wien	Schiene	Lied	leise
2	Wiese	leise	heiß	Leid	Ziegen
3	Liebe	Streit	Sieg	niesen	Biene
4	leider	Riese	Neid	Weise	scheinen
5	bleiben	Kies	reiben	Sieg	hieß
6	Stier	lieb	Liese	Beine	Teich
7	sieben	zeigen	Wein	Spieß	blieben

Spezielles Lesetraining

Verwechselst du manchmal die Buchstaben „b" und „d"?
Die beiden sehen sich ja auch wirklich sehr ähnlich!
Versuche die Wörter auf dieser Seite richtig zu lesen.

die	bei	der	das	beide	durch
binden	baden	danken	durch	drei	braun
bleiben	dabei	bilden	denken	dir	billig
dick	bellen	blau	bauen	blind	drüben
blond	bald	dehnen	dünn	draußen	dafür
doch	bunt	dem	brechen	binden	dein
dann	dich	brennend	dort	du	beim

KOHL VERLAG INDIVIDUELLES LESETRAINING Freude wecken am Leselernprozess – Bestell-Nr. 12 640

Spezielles Lesetraining

Und jetzt eine neue Übung. Versuche „d" und „b" richtig zu lesen.

Lass dir von einem Erwachsenen beschreiben, welches Wort du lesen sollst. Bei A1 steht zum Beispiel „bei". Dann sagt der Erwachsene E3 und dann liest du „drei", und so weiter.

	A	B	C	D	E
1	bei	blau	dir	billig	dich
2	deine	beide	das	braun	dort
3	bald	dick	dehnen	dafür	drei
4	danken	dünn	bunt	durch	blond
5	blieben	bauen	baden	du	dabei
6	durch	dann	draußen	drüben	bellen
7	bilden	doch	dem	Beim	bleiben

Spezielles Lesetraining

„b" oder „d"? Versuche nun den richtigen Buchstaben in die Lücke beim Lesen einzusetzen.

___lau	___rei	___ir	___em
___ünn	___ort	___ei	___raun
___u	___ich	___lind	___enn
___eim	___afür	___ald	___as
___ie	___unkel	___urch	___ick
___illig	___unt	___rüben	___och
___iese	___ann	___abei	___aden

INDIVIDUELLES LESETRAINING Freude wecken am Leselernprozess – Bestell-Nr. 12 640
KOHL VERLAG

5 Einführung in das sinnerfassende Lesen

Weißt du was ein Zungenbrecher ist?
Fast jedes Wort in einem Zungenbrecher-Satz fängt mit dem gleichen Buchstaben an.
Versuche die Sätze zu lesen!

Wenn Fliegen hinter Fliegen fliegen, fliegen Fliegen Fliegen nach!

Wenn Robben hinter Robben robben, robben Robben Robben nach!

Fischers Fritz fischt frische Fische. Frische Fische fischt Fischers Fritz.

Blaukraut bleibt Blaukraut und Brautkleid bleibt Brautkleid.

Wir Wiener Wäscherinnen wollen weiße Wäsche waschen, wenn wir wüssten wo weiches Wasser wäre!

Lerne leichter, lerne lieber, lerne lustig immerzu, denn wer leichter lernt, lernt lieber und bleibt lustig noch dazu.

Erfinde selbst einen Zungenbrecher-Spruch. Jedes Wort im Satz muss mit dem gleichen Buchstaben beginnen:

___

___

___

❺ Einführung in das sinnerfassende Lesen

Lesen bedeutet nicht nur Buchstaben und Laute zu richtigen Wörtern zusammenzuziehen, sondern auch den Sinn des Gelesenen zu verstehen. In den folgenden Sätzen hat sich jeweils ein Wort eingeschlichen, das nicht in den Satz passt.
Kannst du es finden und wegstreichen?

Gestern pflückten Nina und Noah viele rot Äpfel.

Mama kocht lecker Kartoffelsuppe zum Abendessen.

Das grüne Gras wächst mäht in unserem Garten.

Leon spielt gerne Fußball spielen mit seinen Freunden.

Die Lehrerin schreibt die Wörter malt auf die Tafel.

Im Wald leben gibt es viele bunte Beeren und Pilze.

In den Ferien Urlaub reisen die Kinder ans Meer.

Die wunderschöne Rose hat viele spitz Stacheln.

KOHL VERLAG INDIVIDUELLES LESETRAINING Freude wecken am Leselernprozess – Bestell-Nr. 12 640

5 Einführung in das sinnerfassende Lesen

Das hast du sehr gut gemacht! In der folgenden Aufgabe fehlt ein Wort, damit ein sinnvoller Satz entsteht. Kannst du das fehlende Wort einfügen und den Satz dann richtig lesen?

Heute scheint Sonne heiß vom Himmel.

Die Kinder im Schwimmbad ins kalte Wasser.

Mama kocht eine leckere Suppe Mittagessen.

In der Schule malt Nina buntes Bild.

Leon einen langen Brief an seine Oma.

Papa heizt den Ofen Holz ein.

Der Wind heute sehr stark.

Die Ameisen laufen schnell und her.

Kira packt den für ihre Ferienreise.

5 Einführung in das sinnerfassende Lesen

In diesem Witz fehlen alle „a" und „A", kannst du die Geschichte dennoch vorlesen?

Eine M_us und ein Elef_nt gehen ins Schwimmb_d.

Der Elef_nt springt ins W_sser.

D_ ruft die M_us: „Komm, bitte, schnell _us dem W_sser!"

Der Elef_nt steigt _us dem W_sser und fr_gt: „W_rum sollte ich her_uskommen?"

„_lles in Ordnung," meinte die M_us, „du k_nnst wieder schwimmen gehen. Ich finde meine B_dehose nicht. _lso wollte ich sehen, ob du sie _nhast

5 Einführung in das sinnerfassende Lesen

Und hier ist noch ein Witz, in dem die Buchstaben „e" und „E" fehlen.
Setze in Gedanken die fehlenden „e" ein.
Lies vor, was die Maus Witziges zu sagen hat.

_in_ Maus und _in _l_fant g_h_n mit_inand_r spazi_ren. W_il ihn_n _in groß_r Hund _ntg_g_nkommt, muss d_r _l_fant ausw_ich_n. _r st_igt d_r Maus v_rs_h_ntlich auf d_n Fuß. „_ntschuldig_, bitt_!", ruft _r b_sorgt. „Macht nichts," sagt di_ Maus großzügig, „das hätt_ mir genauso passi_ren könn_n!"

5 Einführung in das sinnerfassende Lesen

Zum Abschluss kannst du hier noch eine lange Geschichte lesen. Versuche immer Abschnitt für Abschnitt zu lesen. Nach jedem Abschnitt gibt es eine Frage zum Text.

Der missmutige, kleine Frosch (1/2)

Es war einmal ein kleiner Frosch, der war gar nicht froh. Jeden Morgen, wenn er aufwachte, dachte er: „Das Leben ist nicht schön. Ich weiß nichts, was ich den lieben langen Tag tun soll." Missmutig verzehrte er ein paar Larven zum Frühstück. Es schmeckte ihm nicht, sogar das Essen war so schrecklich langweilig. Danach sprang er durch das Laub und suchte eine Beschäftigung. Aber nichts freute ihn. Er war einfach ein kleiner missmutiger Frosch.

Wie fühlte sich der kleine Frosch jeden Tag?

____

Eines Tages als er gerade wieder einmal damit beschäftigt war, sich so richtig leid zu tun, hörte er plötzlich ein seltsames Geräusch. Pfft, pfft – so als würde etwas in die Luft gehen. Erschrocken sprang der Frosch zur Seite und sah, wie ein buntes Ding in die Höhe sprang.
Was war das? Ein Gummiball? Ein Känguru? Ein Wasserfloh?
Vorsichtig rieb sich der kleine, missmutige Frosch die Augen. Oh, das war ja ein kleiner, bunter Frosch!

Wer kam da herbeigehüpft? ______________________________

„Hui," rief der bunte Frosch, „macht das Spaß! Komm, mach mit! Das Leben ist so schön!" Der missmutige, kleine Frosch zögerte. Irgendwie sah das Gehopse ein bisschen kindisch aus und auch etwas komisch. Was würden wohl die anderen Frösche im Laubhaufen denken, wenn er so seltsam herumspringen würde und dabei so fröhlich lachen würde, wie der bunte, kleine Frosch.

Warum zögerte der kleine Frosch? ______________________________

❺ Einführung in das sinnerfassende Lesen

Der missmutige, kleine Frosch (2/2)

„Mein Leben ist nicht so toll wie deines," sagte der missmutige, kleine Frosch. Ich habe keinen Grund fröhlich zu sein. Außerdem habe ich etwas Besseres zu tun, als komisch in die Höhe zu springen."

Wie fand er kleine Frosch sein Leben? ______________________________

Da lachte der bunte, kleine Frosch und hüpfte noch höher in die Luft als zuvor. „Was gibt es für einen kleinen Frosch Besseres zu tun als in die Höhe zu springen? Wozu haben wir so kräftige Hinterbeine?"

Warum können Frösche hochspringen? ______________________________

Daran ist etwas Wahres, dachte der kleine, missmutige Frosch. Er meinte missmutig: „Was soll's, dann probiere ich es einfach aus. So vergeht auch der Tag!"
Er spannte seine Hinterbeine fest an, zog sich nach hinten und sprang!
Und dann noch einmal und dann noch einmal. Immer höher!

Warum sprang der kleine Frosch dann doch? ______________________

Dann sprangen die beiden kleinen Frösche um die Wette. Einmal sprang der missmutige kleine Frosch höher, dann wieder der bunte, kleine Frosch. Sie sprangen und sprangen und vergaßen dabei ganz die Zeit. Als es Abend wurde, musste jeder Frosch nach Hause zu seiner Froschmama.
Der bunte, kleine Frosch und der missmutige, kleine Frosch hüpften jeder in eine andere Richtung davon. „Bis morgen!" rief der bunte, kleine Frosch. „Schlaf gut," rief der missmutige, kleine Frosch.
Als er müde und hungrig bei seiner Froschmama ankam, sagte sie: „Mein kleiner Frosch, du lächelst ja!" Das hatte der kleine Frosch gar nicht bemerkt.

Wie geht es dem kleinen, missmutigen Frosch am Ende der Geschichte? Erzähle.

Lösungen

S. 39: Lies die Wörter mit dem richtigen Anfangsbuchstaben:

Sonne, Tonne, Wonne; Haus, Maus, Laus; Wand, Land, Hand; leben, heben, geben; Frage, Lage, Tage; Puppe, Suppe, Gruppe.

S. 40: Silben richtig zusammenstellen:

Hase, Kamel, Lama; Igel, Nase, Salat; Tube, Rose, Sofa; Murmel, Winter, Auto; Zange, Hammer, Nagel; Auge, Mantel, Apfel; Laden, Vogel, Teller; Gabel, Messer, Löffel; Ente, Mitte, Anfang.

S. 41: Verbinde die Silben:

Tiger, Sofa, Feder, Hilfe, Vogel, Käfig, Nase, Sommer, Meter, Wiese, Winter, Garten, Feuer, Salat, Blume, Boden.

S. 42: Durcheinander geratene Silben:

Elefant, Papagei, Pinguin, Banane, Schmetterling, Regenwurm, Kakadu, Känguru, Buchstaben

S. 44: Von klein nach groß:

Sommer, Garten, Blumen, Schaukel, Brunnen, Beeren, Salat, Paprika, Rutsche, Rasen, Tomate, Teich.

S. 45: Jeder 3. Buchstabe:

Puppe, Ball. Kreide, Springseil, Kreisel, Federball.

S. 46: Buchstabensuppe:

Mahlzeit

S. 47: Fehlender Buchstabe:

Ball, Buch, Bank, Bild, Berg, Birne, Blume, Brot.

S. 48: B oder W?

Wasser, Bach, Wald, Bild, Wiese, Wespe, Beere, Weg, Blatt, Wurm.

S. 49: Oje, da sind Wörter durcheinandergeraten:

Apfel, Schinken, Vollkornbrot, Bananen, Käse, Butterkekse, Zeitung, Seife, Waschmittel, Schlagsahne, Tomaten, Birne, Gurke

S. 55: b oder d?

blau, drei, dir, dem, dünn, dort, bei, braun, du, dich, blind, denn, beim, dafür, bald, das, die, dunkel, durch, dick, billig, bunt, drüben, doch, diese, dann, dabei, baden.

Lösungen

S. 57: Ein Wort zu viel:

rot, lecker, mäht, spielen, malt, gibt, Urlaub, spitz.

S. 58: Ein Wort fehlt:

die, springen, zum, ein, schreibt, mit, weht/bläst, hin, Koffer

S. 59: Witz ohne „a" und „A":

Eine Maus und ein Elefant gehen ins Schwimmbad.

Der Elefant springt ins Wasser.

Da ruft die Maus: „Komm, bitte, schnell aus dem Wasser!"

Der Elefant steigt aus dem Wasser und fragt: „Warum sollte ich herauskommen?"

„Alles in Ordnung," meinte die Maus, „du kannst wieder schwimmen gehen. Ich finde meine Badehose nicht. Also wollte ich sehen, ob du sie anhast!"

S. 60: Witz ohne „e "und „E":

Eine Maus und ein Elefant gehen miteinander spazieren. Weil ihnen ein großer Hund entgegenkommt, muss der Elefant ausweichen. Er steigt der Maus versehentlich auf den Fuß. „Entschuldige, bitte!", ruft er besorgt. „Macht nichts," sagt die Maus großzügig, „das hätte mir genauso passieren können!"

S. 61-62: Der missmutige kleine Frosch:

Der kleine Frosch war gar nicht froh, nichts freute ihn.

Ein bunter, fröhlicher, kleiner Frosch.

Er fand das Gehopse kindisch und ein bisschen komisch. Was würden wohl die anderen Frösche dazu sagen?

Er fand sein Leben nicht so großartig wie das des bunten Frosches.

Frösche können so gut springen, weil sie so kräftige Hinterbeine haben.

Er dachte, es sei zumindest ein guter Zeitvertreib.

Am Ende der Geschichte ist der kleine missmutige Frosch nicht mehr missmutig, sondern fröhlich und zufrieden.